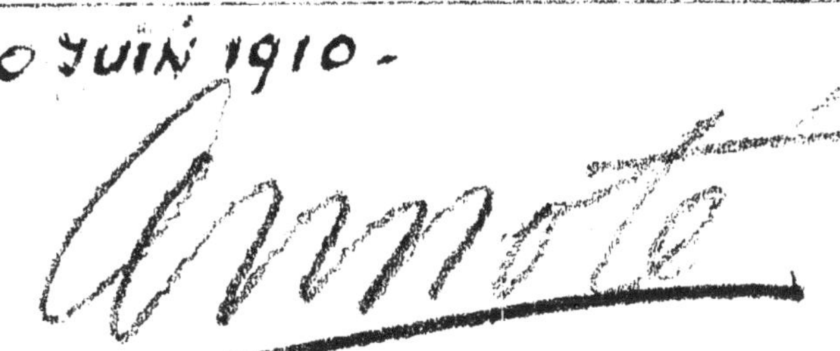

SUCCESSION

LOWENGARD

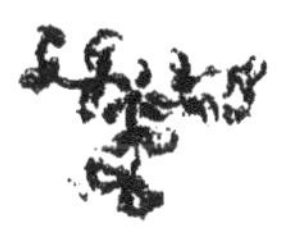

EXEMPLAIRE DE M. STETTNER

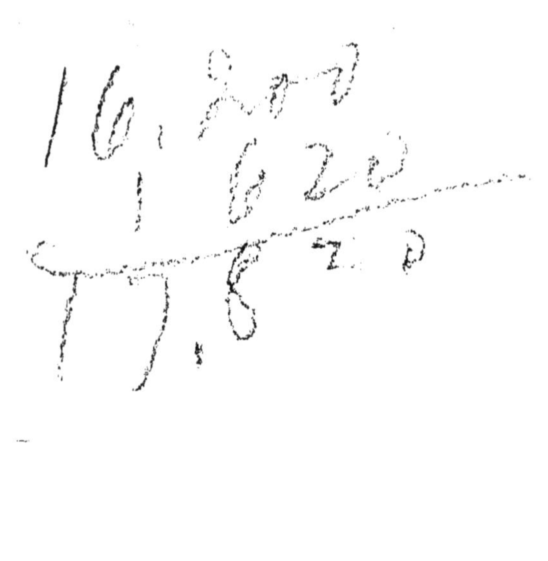

Succession de M. LOWENGARD

IMPORTANTES TAPISSERIES

des Flandres, des Gobelins et de Beauvais

Meuble de salon en Tapisserie de Beauvais

TAPIS DE LA SAVONNERIE

Yd[1] [10 Juin 1910]

CONDITIONS DE LA VENTE

Elle sera faite au comptant.

Les acquéreurs paieront *dix pour cent* en sus des enchères.

L'exposition mettant le public à même de se rendre compte de la nature et de l'état des objets, aucune réclamation ne sera admise une fois l'adjudication prononcée.

Paris. — Imp. Georges Petit, 12, rue Godot-de-Mauroi. — 20567-10.

CATALOGUE

DES

TAPISSERIES

DES FLANDRES

DES XVe ET XVIe SIÈCLES

ET DES

Manufactures Royales des Gobelins et de Beauvais

TAPIS DE LA SAVONNERIE

Du temps de la Régence

ANCIENS TAPIS D'ORIENT ET POLONAIS

MEUBLE DE SALON EN TAPISSERIE

de la Manufacture Royale de Beauvais

ET AUTRE DU XVIIIe SIÈCLE

ÉTOFFES ANCIENNES

Dont la vente, après décès de M. LOWENGARD

AURA LIEU A PARIS

GALERIE GEORGES PETIT

8, RUE DE SÈZE, 8

Le Vendredi 10 Juin 1910, à 3 heures

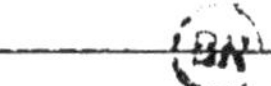

COMMISSAIRE-PRISEUR

M. F. LAIR-DUBREUIL, 6, rue Favart.

EXPERTS

MM. MANNHEIM	**MM. PAULME & B. LASQUIN FILS**
7, rue Saint-Georges	10, rue Chauchat rue Grange-Batelière, 11

EXPOSITIONS

PARTICULIÈRE : *Le Mercredi 8 Juin 1910, de 1 h. 1/2 à 6 heures.*

PUBLIQUE : *Le Jeudi 9 Juin 1910, de 1 h. 1/2 à 6 heures.*

Don S. de Ricci

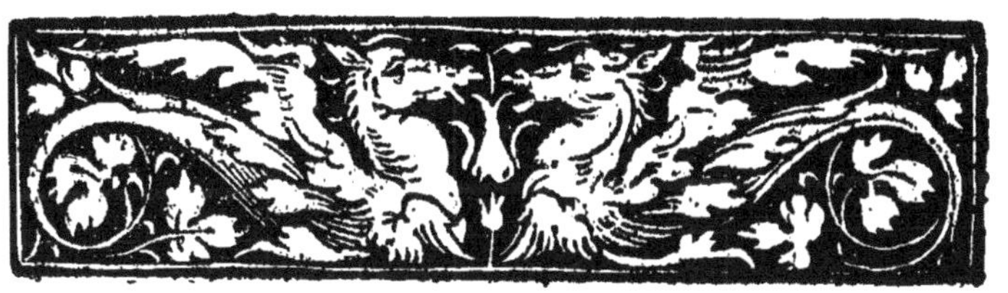

DÉSIGNATION

ÉTOFFES

1 — Chasuble en velours rouge uni du xvie siècle.

Haut., 1 m. 10.

2 — Couvre-lit en velours rouge, avec applications et soutaches, à dessin de fleurons dans des carrelages losangés ; bordures variées à rinceaux des deux côtés, l'une d'elles, brodée d'argent, d'argent doré et de soies de couleur. Frange à grille sur deux côtés. Travail italien du xvie siècle. Doublure d'ancien damas rouge.

Haut., 2 mètres; larg., 1 m. 80.

3 — Devant d'autel en satin crème, présentant des rinceaux fleuris et le monogramme

du Christ timbré d'une couronne, exécutés en perles de verre de couleur. Travail vénitien du XVIIe siècle.

Haut., 1 mètre; larg., 2 m. 55.

4 — DEVANT D'AUTEL en satin crème, présentant des rinceaux fleuris et un Saint-Esprit timbré d'une couronne, exécutés en perles de verre de couleur. Travail vénitien du XVIIe siècle.

Haut., 95 cent.; larg. 1 m. 75.

5 — FORT LOT de brocatelle rouge du temps de Louis XIV.

Longueur, environ 28 mètres.
Largeur d'un lé, 75 cent.

6 — CHAPE ET MANTEAU de Vierge, en brocart d'argent doré et d'argent sur fond de damas bleu à fleurs; bordure de dentelle d'argent doré. Époque Louis XV.

Haut., 1 m. 30; larg., 2 m. 25.

7 — CHAPE, munie d'un chaperon, en satin rayé et lamé d'argent, à dessin de fleurettes, avec broderie en chenille. Époque Louis XVI.

Haut., 1 m. 35; larg., 2 m. 65.

8 — CHASUBLE ET ÉTOLE en brocart d'argent à fleurs et bandes ondulées sur fond violacé. XVIIIe siècle.

Haut., 1 mètre.

TAPISSERIES FLAMANDES

9 — GRANDE TAPISSERIE FLAMANDE tissée d'or, de la deuxième moitié du XVe siècle, présentant de nombreuses scènes tirées de la Bible. Les personnages portent de riches costumes et couvrent toute la surface de la tapisserie. Au premier plan, une tente sous laquelle sont assises deux femmes vêtues de brocart; de chaque côté et au second plan, des guerriers, des cavaliers, d'autres tentes et des motifs d'architecture. En haut, deux légendes en latin. Bordure bleue à festons de feuillages et fleurs.

Haut., 4 m. 05; larg., 3 m. 90.

10 — GRANDE TAPISSERIE FLAMANDE de la fin du XVe siècle, à sujet tiré de la parabole de *l'Enfant prodigue*. Sur un fond de paysage se détachent de nombreuses compositions séparées par des arbustes en fleurs ou chargés de fruits. Ces compositions comprennent chacune des personnages symbo-

liques richement vêtus à la mode de l'époque, dont les noms sont indiqués en latin. Bordure gros bleu, à fleurs et rubans, refaite d'un côté.

Haut., 4 m. 20; larg., 8 m. 50.

11 — Grande tapisserie flamande de la fin du xve siècle, de la même suite que la précédente.

Haut., 4 m. 20; larg., 8 m. 50.

12 — Tapisserie flamande de la fin du xve siècle, composition tirée d'un roman. Au centre, un chevalier est couronné par deux femmes; devant lui, une autre femme tient un vase d'orfèvrerie. Sur les côtés, de nombreux personnages assistent à la scène, quelques-uns d'entre eux faisant de la musique. Au fond, une fontaine et un paysage. Bordure moderne.

Haut., 3 m. 35; larg., 3 m. 20.

13 — Tapisserie flamande du xvie siècle, tissée d'argent, présentant des personnages venant implorer un souverain. Fond de paysage. Bordure jaune rapportée, à cariatides et grotesques de la même époque.

Haut., 2 m. 75; larg., 2 m. 55.

14 — Tapisserie flamande de la fin du xviie siècle : Allégorie des mois de mai et de juin, figurés par les occupations et travaux relatifs à ces deux mois; oiseaux au premier plan. Fond de paysage avec habitations et collines. Bordure de fleurs et de fruits présentant un cartouche contenant les mots *Maius* et *Junius*.

Haut., 2 m. 90 ; larg., 4 m. 90.

15 — Tapisserie de Bruxelles, atelier des Leyniers, xviiie siècle. Don Quichotte, s'étant attaqué au moulin à vent, est étendu auprès de son cheval renversé. Sancho vient à son secours. Dans le fond, les moulins. Bordure simulant un cadre.

Haut., 3 m. 30 ; larg., 2 m. 60.

16 — Fragment de tapisserie flamande de la seconde moitié du xve siècle, présentant un groupe de nombreux personnages richement vêtus.

Haut., 2 m. 35 ; larg., 1 m. 20.

17 — Deux fragments d'une tapisserie flamande du xvie siècle, représentant un festin. Au second plan, un paysage. Bordure étroite haut et bas.

Haut., 2 m. 50 ; larg. totale, 1 m. 55.

*

TAPISSERIES

de la Manufacture royale des Gobelins

TENTURE COMPLÈTE, comprenant quatre tapisseries exécutées à la Manufacture royale des Gobelins, pour le Régent Philippe d'Orléans, vers 1715 :

DAPHNIS ET CHLOÉ

Cette tenture fut tissée, sur les ordres du Régent, en dehors du travail officiel des Gobelins, d'après les dessins ou tableaux du Régent lui-même, exécutés avec la collaboration de Ch. Coypel, disent certains critiques, et destinés à illustrer les scènes du roman de *Daphnis et Chloé*. Ces compositions furent gravées par Benoît Audran, au nombre de vingt-huit, pour l'édition célèbre de

1718, de la traduction par Amyot des *Pastorales* de Longus.

Chaque tapisserie comprend un grand tableau, au centre, entouré de quatre petits tableaux. Chaque tableau porte son titre inscrit sur un cartouche. Les encadrements à rocailles sont tout enguirlandés de fleurs et animés d'oiseaux.

Les descriptions de cette tenture sont empruntées à l'*État général des Tapisseries des Gobelins,* par Maurice Fenaïlle (xviiie siècle, 1re partie, p. 283), dans lequel un chapitre entier est consacré à cette célèbre tenture, demeurée au Garde-Meuble du Palais-Royal et dans les collections de la famille d'Orléans. Elle fut l'objet d'une vente publique, le 15 mai 1884, à Paris.

Les titres des différents sujets qui suivent sont ceux des gravures de Benoît Audran; ils diffèrent assez sensiblement des légendes, telles qu'on les lit sur les tapisseries.

18 — PREMIÈRE PIÈCE : *Les Naissances.*

Le tableau principal, au centre, est composé des deux premiers sujets gravés dans l'édition du Régent.

Le sujet de *Lamon trouve Daphnis qu'il porte à sa femme* occupe le côté droit du tableau ; une partie du tableau : *Drias trouve Chloé qu'il porte à sa femme,* se trouve reproduit dans la partie gauche du paysage, mais dans le fond et en réduction.

En haut, à gauche, est placé en médaillon le sujet de : *Daphnis et Chloé délivrent Dorcon de leurs chiens.* En haut, à droite, celui de : *Chloé prend les habits de Daphnis qui se baigne.* En bas, à droite : *Chloé sauve Daphnis par le son de sa flûte ;* en bas, à gauche : *Daphnis et Chloé se baignant dans la grotte.*

L'alentour de cette pièce, exécuté dans l'atelier de haute lisse de IANS, comporte, en haut, un petit médaillon avec une cage d'oiseaux sur un fond d'arbres, et, en bas, un hallali de cerf.

Signature en bas, à droite : *IANS.*

Haut., 3 m. 25; larg., 2 m. 65.

19 — Deuxième pièce : *Les Vendanges.*

De l'atelier de Ians et avec le même alentour que la pièce précédente. La cage d'oiseaux, qui se trouve dans le médaillon du haut, au milieu, est sur fond clair.

Le tableau principal, au centre, reproduit le sujet de la gravure : *Vendange, où sont admirez Daphnis et Chloé.* Le médaillon du haut, à gauche, renferme le tableau de l'*Amour apparoist à Philetas dans son jardin ;* au premier plan, deux sphinx. Le médaillon du haut, à droite, reproduit le petit tableau : *Combat pour Daphnis ;* celui du bas, à droite : *Chloé est prise par les Methimniens,* et celui du bas, à gauche : *Daphnis regarde dormir Chloé qu'une cigale éveille.*

Signature en bas, à droite : *IANS.*

Haut., 3 m. 30; larg., 2 m. 65.

20 — Troisième pièce : *Daphnis et les chèvres.*

Alentour de l'atelier de haute lisse Le Febvre, avec une ruche sur fond clair dans le médaillon du haut et, en bas, un hallali de sanglier.

Le tableau principal, au centre, reproduit le sujet : *Daphnis fait obéir ses chèvres au son de la flûte.*

Le médaillon du haut, à gauche, reproduit le tableau : *Daphnis court au-devant de Chloé ;* celui du haut, à droite : *Licœnion écoute Daphnis et Chloé, qui cherchent remède d'amour*. Dans la tapisserie, ce dernier tableau porte le titre : *Enfance de Daphnis et Chloé.*

Le médaillon du bas, à gauche : *Serment de Daphnis sur les chèvres ;* celui du bas, à droite : *Daphnis prend des oyseaux pendant l'hyver pour voir Chloé.*

Signature en bas, à droite : *LE FEBVRE.*

Haut., 3 m. 30 ; larg., 2 m. 60.

21 — Quatrième pièce : *Les Noces.*

Alentour de l'atelier Le Febvre. La ruche du médaillon du haut est sur fond brun.

Le tableau principal reproduit les *Nopces de Daphnis et de Chloé.* Le médaillon du haut, à gauche, reproduit le tableau : *Pardon de Gnathon.* En haut, à droite, *Gnathon ramaine Chloé.* En bas, à gauche : *les Regrets de Chloé surprise par Lampis.* En bas, à droite : *Recognoissance de Chloé.*

Signature en bas, à droite : *LE FEBVRE.*

Haut., 3 m. 30 ; larg., 2 m. 55.

22 — Tapisserie tissée d'or, de la Manufacture royale des Gobelins, du temps de Louis XIV. Composition de la suite intitulée : *la Galerie de Saint-Cloud,* d'après Pierre Mignard : *le Parnasse, Apollon et les Muses.* Sur le penchant d'une colline, Apollon à moitié nu, le bras gauche élevé, l'autre bras tenant une lyre, est assis au milieu des Muses; au côté gauche d'Apollon, la Muse Calliope qui porte sur ses genoux plusieurs livres ; en avant, deux enfants ; dans un angle, nagent deux cygnes. Bordures latérales formées d'attributs des sciences et des arts avec un cygne dans le médaillon du milieu et une sphère astronomique dans le bas. Moulures simulées haut et bas.

Haut., 3 m. 70 ; larg., 5 m. 80.

23 — Tapisserie d'entre-fenêtres de la suite des *Chasses de l'empereur Maximilien,* d'après Bernard Van Orley, Manufacture royale des Gobelins, XVIIIe siècle. Un piqueur, accompagné de deux chiens, occupe le premier plan; au fond, d'autres chiens, des valets de chasse et des cavaliers. Bordure simulant un cadre enrichi de fleurs et de fruits avec cartouches aux angles.

Haut., 3 m. 15; larg., 1 m. 55.

24 — Tapisserie d'entre-fenêtres de la suite des *Chasses de l'empereur Maximilien*, d'après Bernard Van Orley, Manufacture royale des Gobelins, XVIIIe siècle. Elle présente un cavalier, deux amazones et un hommes à pied dans une clairière. Composition tirée de la tapisserie du mois de septembre figurant le bat-l'eau. Bordure simulant un cadre enrichi de fleurs et de fruits avec cartouches aux angles.

Haut., 3 m. 15 ; larg , 1 m. 50.

25 — Tableau ovale en tapisserie de la Manufacture royale des Gobelins, du temps de Louis XV : Portrait du roi Louis XV en buste, presque de face, revêtu de la cuirasse et portant les ordres du Saint-Esprit et de la Toison d'or. Sur l'épaule droite, une draperie fleurdelisée. Cadre en bois doré du temps de Louis XVI.

Grand diam., 65 cent. ; petit diam., 50 cent.

26 — Tableau rectangulaire en tapisserie de la Manufacture royale des Gobelins, d'après Boucher, par Cozette, 1769 : Portrait

d'une des filles de Boucher, en buste, de profil, la tête tournée presque de face. Elle est vêtue d'une draperie. Cadre en bois sculpté du temps de Louis XVI.

Haut., 49 cent. ; larg., 35 cent.

27 — Bande de tapisserie des Gobelins, du temps de la Régence, simulant un cadre à décor de quadrillés, avec palmette à chaque extrémité.

Long., 4 m. 10.

28 — Bande de tapisserie des Gobelins, du XVIIIe siècle, simulant un cadre à décor de cannelures et rosaces.

Long., 2 m. 05.

29 — Trois fragments de bordure en tapisserie des Gobelins, du temps de Louis XIV, tissée d'argent, à dessin d'enroulements de feuillages.

Longueur totale, 2 m. 95.

TAPISSERIES

de la Manufacture royale de Beauvais

30 — Cantonnière en tapisserie de la Manufacture royale de Beauvais, en partie de la fin du règne de Louis XV, simulant une draperie bleue relevée par des cordelières à glands et enrichie de guirlandes de fleurs, avec bordures de franges d'or.

Haut., 3 m. 05; larg., 2 m. 30.

31 — Cantonnière en tapisserie de la Manufacture royale de Beauvais, en partie de la fin du règne de Louis XV, simulant des draperies retenues par des cordelières à glands, enrichies de fleurs et de rinceaux, bordées de franges d'or et encadrées de feuilles de laurier.

Haut., 3 m. 20; larg., 2 m. 10.

TAPISSERIES DIVERSES

32 — Tapisserie française du temps de Louis XII, présentant deux scènes relatives à saint Julien. Au premier plan, le saint reçoit divers personnages infirmes. Au second plan, il ressuscite un enfant dans l'intérieur du château de Preuilly, selon la légende disposée à la partie supérieure : *la Seigneurie de Pruli.* Sur la gauche, une tour avec un écusson d'armoiries.

Haut., 3 m. 05 ; larg., 3 m. 10.

33 — Tapisserie d'entre-fenêtres du XVIIIe siècle, présentant des amours voltigeant et tenant des fleurs ; en haut, des guirlandes de roses; en bas, un trophée d'étendards. Encadrement simulant un cadre bordé d'un tore de laurier avec cartouches aux angles.

Haut., 4 m. 05 ; larg., 1 mètre.

34 — Fort lot de fragments d'anciennes tapisseries des Gobelins, de Beauvais et des Flandres. Pourra être divisé.

TAPIS

35 — Grand tapis de la Manufacture royale de la Savonnerie, du temps de la Régence, présentant, sur fond marron, une large rosace se détachant sur une draperie. Cette rosace est entourée de rinceaux, de cartouches, de guirlandes de fleurs, de bouquets de fruits, de coquilles et de fleurs de lis. Bordure à oves. Avec parties reconstituées.

Long., 7 m. 10; larg., 6 mètres.

36 — Grand tapis d'ancien travail oriental, à fond rouge ; au centre, une étoile dans une rosace bleue à feuilles et fleurs; sur le reste de la pièce, des arabesques ainsi que des écoinçons bleu clair à feuillages. Bordure foncée à motifs réguliers.

Long., 8 m. 90; larg., 3 m. 50.

37 — Tapis velouté, d'ancien travail polonais, tissé d'argent et décoré de palmettes disposées symétriquement. Bordure à fleurons.

Long., 2 m. 10; larg., 1 m. 40.

MEUBLES DE SALON

38 — MEUBLE DE SALON couvert en tapisserie de la Manufacture royale de Beauvais, du temps de Louis XV. Les dossiers présentent des jeux d'enfants sur fond de paysages, d'après Le Prince. Les sièges offrent des groupes d'attributs entremêlés de fleurs sur fond clair ; manchettes et pourtours à fleurs.

Il se compose d'un canapé, d'une bergère et de cinq fauteuils. Les bois de la bergère et des fauteuils sont du temps de Louis XVI et ont été redorés. L'un d'eux est signé : *Jacob.*

Largeur du canapé, 1 m. 95.
Largeur de la bergère, 75 cent.
Largeur d'un fauteuil, 65 cent.

39 — MEUBLE DE SALON composé d'un canapé et dix fauteuils, en tapisserie de la fin du règne de Louis XV, à sujet de bouquets et de corbeilles de fleurs sur fond crème, avec encadrements de branches de chêne et contrefonds roses. Bois dorés.

Largeur du canapé, 1 m. 85.
Largeur d'un fauteuil, 60 cent.

Succession **LOWENGARD**

IMPORTANTES TAPISSERIES

DES FLANDRES, DES GOBELINS & DE BEAUVAIS

Meuble de Salon en Tapisserie de Beauvais

TAPIS DE LA SAVONNERIE

Carte d'Entrée à l'Exposition Particulière

GALERIE GEORGES PETIT, 8, Rue de Sèze

Le Mercredi 8 Juin 1910, de 1 heure 1/2 à 6 heures

COMMISSAIRE-PRISEUR

Mᵉ F. LAIR-DUBREUIL, 6, rue Favart

EXPERTS

MM. MANNHEIM	MM. PAULME & B. LASQUIN FILS
7, rue Saint-Georges, 7	10, rue Chauchat | r. Gr.-Batelière, 11

www.ingramcontent.com/pod-product-compliance
Ingram Content Group UK Ltd.
Pitfield, Milton Keynes, MK11 3LW, UK
UKHW021045260726
13994UKWH00005B/2365

9 782329 502120